© 2013 do texto por Mônica Simas e Vera Lúcia Dias
© 2015 das ilustrações por Romont Willy
Callis Editora Ltda.
Todos os direitos reservados.
1ª edição, 2017

Texto adequado às regras do novo Acordo Ortográfico da Língua Portuguesa

As músicas contidas nesta obra fazem parte do folclore brasileiro e são de domínio público

Coordenação editorial: Miriam Gabbai
Editora assistente: Áine Menassi
Revisão: Ricardo N. Barreiros
Projeto gráfico e diagramação: Romont Willy e Thiago Nieri

CIP-BRASIL. CATALOGAÇÃO-NA-FONTE
SINDICATO NACIONAL DOS EDITORES DE LIVROS, RJ

S598b

Simas, Mônica, 1950-
    Brinquedos cantados 2 / Mônica Simas, Vera Lúcia Dias ; ilustrações Romont Willy. - 1. ed. - São Paulo : Callis Ed., 2017.
    40p.: il. ; 25 cm

    Acompanhado de CD
    ISBN 978-85-7416-972-9

    1. Poesia infantojuvenil brasileira. I. Dias, Vera Lúcia. II. Willy, Romont, 1973-. III. Título

16-34842		CDD: 028.5
21/07/2016	25/07/2016	CDU: 087.5

ISBN 978-85-7416-972-9

2017
Distribuído por Brasil Franchising sob licença de
Callis Editora Ltda.
Av. Sagitário, 138 • 25º andar • Torre London • Alphaville
Barueri • SP • CEP 06473-073 • sac@cfcentral.com.br
© de acordo com a edição original
Impresso no Brasil

Mônica Simas | Vera Lúcia Dias

BRINQUEDOS CANTADOS 2

Ilustrações: **Romont Willy**

callis

A carrocinha pegou
Três cachorros de uma vez.

Trá lá lá
Que gente é essa?

Trá lá lá
Que gente má!

As duas rodas saltitam de mãos dadas, cantando.

As rodas param e batem palmas, enquanto as três crianças do centro, separando-se, colocam-se à frente de outras crianças da roda principal e, com as mãos na cintura, pulam num pé e no outro.

As três crianças escolhidas irão ocupar o lugar das que estavam no centro.

FORMAÇÃO: Roda; crianças de mãos dadas; ao centro, formando outra roda, três crianças.

A canoa virou

Procedência: Rio de Janeiro

A ca - no - a vi - rou. dei - xá - la vi -

rar. Por cau - sa da fu - la - na que não sou - be re -

mar. Se eu fos - se um pei - mar.

1. A canoa virou
   Deixá-la virar.
   Por causa da (nome da pessoa)
   Que não soube remar.

2. Se eu fosse um peixinho,
   E soubesse nadar...
   Tirava a (nome da pessoa)
   Do fundo do mar.

A roda gira cantando e menciona o nome de uma das crianças da roda.

Essa faz meia volta e dá novamente as mãos às outras crianças, ficando de costas para o centro da roda.

Novamente é cantada a primeira quadra e é escolhida uma criança ao lado da que virou, e assim por diante até todas as crianças ficarem de costas.

Aí, passa a ser cantada a segunda quadra e, uma a uma, as crianças voltam à posição original.

FORMAÇÃO: Roda; crianças de mãos dadas.

1. Pombinha, quando tu fores,
   Escreva pelo caminho;
   Se não achares papel,
   Na asas de um passarinho.

Estribilho:
   A pombinha voou, voou, voou,
   Ela foi-se embora e me deixou.

2. Da boca, faz um tinteiro,
   Da língua, pena dourada,
   Dos dentes, letra miúda,
   Dos olhos, carta fechada.

A roda gira cantando e para ao final da quadra.

A roda bate palmas. A criança do centro (a pombinha) faz gestos de voo dentro da roda e escolhe outra criança que irá ocupar o seu lugar.

A roda gira cantando e para ao final da quadra.

FORMAÇÃO: *Roda; uma criança ao centro e as outras de mãos dadas.*

A mão direita

1. A mão direita tem uma roseira!
   A mão direita tem uma roseira!
   Que dá flor na primavera,
   Que dá flor na primavera.

2. Entrai na roda, ó linda roseira!
   Entrai na roda, ó linda roseira!
   Abraçai a mais faceira,
   Abraçai a mais faceira.

3. A mais faceira eu não abraço,
   A mais faceira eu não abraço,
   Abraço a boa companheira,
   Abraço a boa companheira.

A roda gira cantando. A criança que está fora da roda segura o braço de um colega e segue o movimento.

A criança de fora entra na roda, canta sozinha e abraça um companheiro que irá ocupar o seu lugar.

As duas crianças dançam dentro da roda e recomeça o brinquedo.

FORMAÇÃO: Roda; uma criança fora e as outras de mãos dadas.

O meu chapéu

Procedência: R. de Janeiro

Moderato

O meu cha-péu tem três pon-tas, tem três pon-tas o meu cha-péu. Se não ti-ves-se três pon-tas, não se-ri-a o meu cha-péu.

O meu chapéu tem três pontas,
Tem três pontas o meu chapéu.
Se não tivesse três pontas,
Não seria o meu chapéu.

A roda canta parada, fazendo a mímica da letra. Ao repetirem a quadra, omitem a palavra "chapéu", permanecendo só a mímica referente ao mesmo. Em outra repetição, omitem, além de "chapéu", a palavra "pontas", fazendo só a mímica. E assim por diante até que a mímica substitui toda a letra. As crianças que errarem podem sair da roda.

FORMAÇÃO: Roda; crianças uma ao lado da outra, de frente para o centro da roda.

A cutia

Procedência: Espírito Santo

A cu - ti - a_es - tá com dor de den - te, é de tan - to,

tan - to co - mer do - ce quen - te. A cu - quen - te. Mi - nha se -

nho - ra, vo - cê que - ri - a, sem ter di -

nhei - ro, com - prar a cu - ti - a. Mi - nha se - ti - a.

1. A cutia
   Está com dor de dente,
   É de tanto, tanto
   Comer doce quente.

Estribilho:
   Minha senhora,
   Você queria,
   Sem ter dinheiro,
   Comprar a cutia.

2. Lá na casa
   Da minha tia,
   Tem todos os bichos,
   Menos a cutia.

A roda gira virada para o centro, cantando, e para ao final da quadra.

As crianças apontam ora para a "minha senhora", ora para a "cutia".

A roda gira virada para fora, cantando, e para ao final da quadra.

FORMAÇÃO: Roda; crianças de mãos dadas. Uma criança abaixada no centro – a cutia – e outra fora – a minha senhora.

Roda pião

1. O pião entrou na roda, ó pião!

Estribilho:
   Roda, ó pião,
   Bambeia, ó pião!

2. Sapateia no terreiro, ó pião!

3. Mostra a tua figura, ó pião!

4. Faça uma cortesia, ó pião

5. Atira a tua fieira, ó pião!

6. Entrega o chapéu a outro, ó pião!

A roda gira cantando e para ao final do verso.

A roda canta imitando a criança do centro que, com as mãos na cintura, requebra e dá uma volta no lugar.

O "pião" executa as ordens determinadas nos versos enquanto a roda canta.

O "pião" escolhe uma criança que irá ocupar o seu lugar.

FORMAÇÃO: Roda; uma criança ao centro e as outras de mãos dadas.

1. Alecrim, alecrim dourado,
   Que nasceu no campo
   Sem ser semeado.

Estribilho:
   Ai, meu amor!
   Quem te disse assim,
   Que a flor do campo
   É o alecrim?

2. Alecrim, alecrim aos molhos,
   Por causa de ti
   Choram os meus olhos.

3. Alecrim do meu coração,
   Que nasceu no campo
   Com esta canção.

A roda gira cantando e para ao final das estrofes 2 e 3.

Os pares dão as mãos e rodam no lugar.

FORMAÇÃO: *Roda de pares.*

Onde está a Margarída?

Procedência: Rio de Janeiro

On-de_es-tá a Mar-ga-ri-da? O-lê, o-lê, o-lá! On-de_es-tá a Mar-ga-ri-da? O-lê seus ca-va-lhei-ros!

1. Onde está a Margarida?
   Olê, olê, olá!
   Onde está a Margarida?
   Olê, seus cavalheiros!

2. Ela está em seu castelo,
   Olê, olê, olá!
   Ela está em seu castelo,
   Olê, seus cavalheiros!

3. Eu queria vê-la.
   Olê, olê, olá!
   Eu queria vê-la.
   Olê, seus cavalheiros!

4. Mas o muro é muito alto.
   Olê, olê, olá!
   Mas o muro é muito alto.
   Olê, seus cavalheiros!

5. Tirando uma pedra,
   Olê, olê, olá!
   Tirando uma pedra,
   Olê, seus cavalheiros.

6. Uma pedra não faz falta,
   Olê, olê, olá!
   Uma pedra não faz falta,
   Olê, seus cavalheiros!

7. Tirando duas pedras,
   Olê, olê, olá!
   Tirando duas pedras,
   Olê, seus cavalheiros!

Para terminar:
   Apareceu a Margarida,
   Olê, olê, olá!
   Apareceu a Margarida,
   Olê, seus cavalheiros!

A criança que está afastada, cantando a primeira quadra, volteia o castelo. O castelo responde e assim prossegue o diálogo.

A criança que está fora escolhe uma outra, dá-lhe a mão e continua volteando o castelo.

Nova criança é escolhida para dar a mão àquela que saiu primeiro da roda. E assim sucessivamente até desfazer o castelo.

Todas as crianças batem palmas, enquanto a Margarida roda com a menina que iniciou o brinquedo.

FORMAÇÃO: Roda; crianças bem unidas umas às outras, formando o "castelo", seguram as fitas presas à cintura da criança que se encontra no centro – a "Margarida". Fora, uma criança.

Uni duni tê

Procedência: Rio de Janeiro

U - ni du - ni tê sa - la - mê min - guê Um sor - ve - te co - lo - rê O es - co - lhi - do foi vo - cê

Passa, passa, gavião

Procedência: Baependi, Minas Gerais

Allegro vivace

Pas-sa, pas-sa, ga-vi-ão, to-do mun-do é bom! Pas-sa bom! A co-zi-nhei-ra faz as-sim... As-sim... As-sim...

Passa, passa, gavião
Todo mundo é bom!

A cozinheira faz assim...
Assim... Assim...

A passadeira faz assim...
Assim... Assim...

Sugestão: Antes da brincadeira, identificar as profissões conhecidas.

A roda gira cantando e para ao final da primeira estrofe.

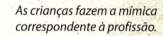

As crianças fazem a mímica correspondente à profissão.

FORMAÇÃO: Roda; crianças de mãos dadas.

Bento que bento é o frade

Procedência: Rio de Janeiro

Bento que bento é o frade
Frade
Na boca do forno
Forno
Tirai um bolo
Bolo
Fareis tudo que seu mestre mandar?
Faremos todos
E se não fizerdes?
Levaremos um bolo

Uma pessoa separada do grupo faz as perguntas.

Crianças num grupo um pouco afastado dela respondem e fazem o que ela manda.

De 3 pulinhos
Imite um avião voando
Ande agachadinho

Escravos de Jó
Jogavam caxangá.
Tira, bota,
Deixa o Zé Pereira ficar.

Guerreiros com guerreiros
Fazem zigue, zigue, zá!

A roda canta enquanto cada criança, no ritmo da música, coloca a sua pedra à frente da criança que está à sua direita...

... e imediatamente pega a pedra que está à sua frente para deixá-la novamente na frente daquela criança à sua direita.

E assim por diante até que uma criança erre e saia da roda. À medida que recomeça, vai-se acelerando o andamento.

FORMAÇÃO: Roda; crianças sentadas no chão com uma pedrinha na mão.

Olha o macaco na roda!
Olha o macaco na roda!
Olha o macaco na roda!

Ele quer sair!
Ele quer sair!
Ele quer sair!

A roda de pares caminha, cantando.

As crianças da parte externa da roda param. Crianças da parte interna da roda avançam um par.

Nessa troca, o macaco tenta conseguir um par. A criança que sobrar será o novo "macaco".

FORMAÇÃO: Roda; crianças aos pares, um atrás do outro. Ao centro, uma criança: o "macaco".

Bastidores

Amana Dias

Luiz Fortini e Cassiano Barbosa
soltando a voz

Amana Dias se concentrando
para a gravação

Claudio Vinicius Fialho, Mônica Simas,
Cassiano Barbosa e
Vera Lúcia Dias

Vera Lúcia Dias e Amana Dias

Nelson Latif e
sua fantástica guitarra

Claudio Vinicius Fialho,
Gilberto Larcher e Mônica Simas

Ana Cristina Coelho
e Mônica Simas

Isabel, João e Daniel Larcher
com Gilberto Larcher

Mônica Simas durante as gravações

Letícia Jorge, Mila Leite,
Gabriela Bacanelli e
Gaëlle Ambelakiotis

Letícia Jorge, Gaëlle Ambelakiotis e Vera Lúcia Dias

Letícia Jorge, Mila Leite, Gaëlle Ambelakiotis, Gabriela Bacanelli e Nina Carolina Reino

Ana Cristina Coelho

Cassiano Barbosa

Claudio Vinicius Fialho

As autoras Vera Lúcia Dias e Mônica Simas

Créditos do CD

Concepção e projeto: Mônica Simas e Vera Lúcia Dias

Direção artística: Mônica Simas
Arranjos: Claudio Vinicius Fialho e Daniel Baker
Programação: Claudio Vinicius Fialho e Daniel Baker
Direção de estúdio: Claudio Vinicius Fialho
Mixagem e masterização: Claudio Vinicius Fialho
Gravação: Estúdio Fator Vertical
Partituras e cifras: Mônica Simas
Revisão musical: André Simas
Fotografia: Ivan Simas

Teclados: Daniel Baker
Kalimba, bansuri, flautas e trompete: Claudio Vinicius Fialho
Guitarra, bandolim, viola caipira e cavaquinho: Nelson Latif
Percussão: Leander Motta
Coro: Amana Dias, Gabriela Bacanelli, Gaëlle Ambelakiotis, Letícia Jorge, Luiz Fortini, Mila Leite e Nina Carolina Reino

VOZES
A carrocinha – Cassiano Barbosa e coro
A canoa virou – coro
A pombinha voou – Amana Dias e coro
A mão direita – Ana Cristina Coelho, Claudio Vinicius Fialho e coro
O meu chapéu – Ana Cristina Coelho e Gilberto Larcher
A cutia – Amana Dias e coro
Roda pião – Ana Cristina Coelho e coro
Alecrim – Cassiano Barbosa
Onde está a Margarida? – Ana Cristina Coelho, Gilberto Larcher e coro
Uni duni tê – Ana Cristina Coelho e Mônica Simas
Passa, passa, gavião – Ana Cristina Coelho, Claudio Vinicius Fialho e coro
Bento que bento é o frade – Ana Cristina Coelho e coro
Escravos de Jó – Claudio Vinicius Fialho e coro
Olha o macaco na roda – Cassiano Barbosa

Este livro foi impresso, em primeira edição,
em março de 2017, em couché 150 g/m²,
com capa em cartão 250 g/m².